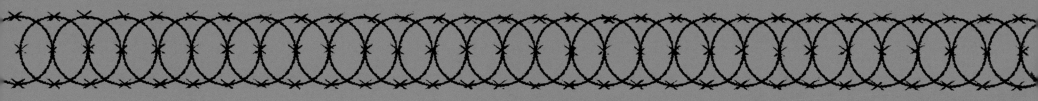

La información del catálogo de publicación se encuentra disponible en la Biblioteca del Congreso.

ISBN 978-1-5235-1348-2

Diseño de Dale Austin y Sara Corbett
Imagen de la portada de Cecilia Ruiz

Los libros Workman están disponibles con descuentos especiales cuando se compran al mayoreo para premios y promociones de ventas, al igual que para recaudar fondos o para propósitos educativos. Ediciones especiales o extractos del libro pueden ser creados a especificación. Para detalles, contacte al director de ventas especiales a la dirección a specialmarkets@workman.com.

Workman Publishing Co., Inc.
225 Varick Street
New York, NY 10014-4381

workman.com

WORKMAN es una marca registrada de Workman Publishing Co., Inc.

Impreso en China con papel de fuentes responsables

Primera edición Marzo 2021

10 9 8 7 6 5 4 3

Los testimonios de niños detenidos en la frontera sur de los Estados Unidos

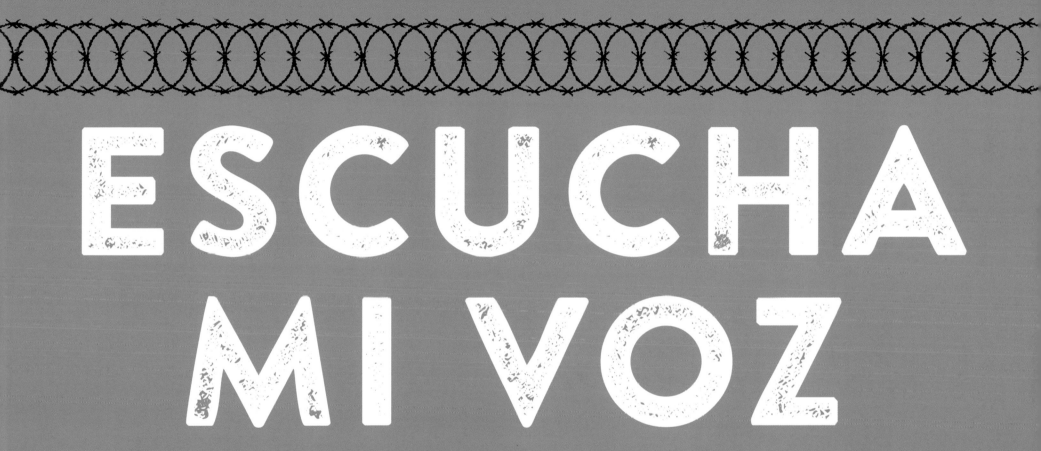

ESCUCHA MI VOZ

RECOPILADO POR **Warren Binford** PARA **Project Amplify**

PREFACIO POR **Michael Garcia Bochenek**
DE **Human Rights Watch**

WORKMAN PUBLISHING ★ NEW YORK

PREFACIO

Una niña acurrucada en una silla al otro lado de un cuarto de conferencias llora. Una de mis colegas, una pediatra de sala de emergencias, hablaba con ella gentilmente. Al final de ese día tan largo le pregunté qué había oído de la niña. "Nada", me contestó, "no habló".

Estábamos en la estación de la patrulla fronteriza en Clint, Texas, que está a 30 minutos al suroeste de El Paso. El público no tiene acceso a las estaciones de la patrulla fronteriza, pero el gobierno debe permitir inspecciones regulares por un equipo de abogados y profesionales de salud a base de un acuerdo que se llevó a cabo en 1997. Esto con el fin de arreglar una disputa legal sobre la manera en que los niños son tratados en centros de detención de inmigrantes. Yo ya había sido parte de varias inspecciones exigidas por los tribunales, pero esta era mi primera vez en Clint.

Cuando regresamos al día siguiente y los próximos días, mi colega pidió ver a la niña de nuevo. En cada ocasión, la niña asentía o sacudía la cabeza al responder las preguntas, pero nada más.

Ya había visto este tipo de reacción en niños que están en centros de detención de inmigrantes. De hecho, estudios han revelado que el mutismo y el mutismo selectivo son síntomas asociados con niños detenidos en estos centros. Los niños en Clint y de otros centros de detención en los Estados Unidos me han dicho que también son afectados por pesadillas, pérdida de apetito, o han tenido sentimientos de desesperación o desesperanza después de ser encarcelados.

Para el mes de abril del 2019, los agentes de la patrulla fronteriza estaban utilizando a Clint como el centro principal de detención para niños arrestados en o cerca de la frontera de Nuevo México y el oeste de Texas. Como muchas otras estaciones fronterizas con celdas de detención para inmigrantes, la estación en Clint fue construida con media docena de celdas hechas con bloques de cemento, cada una con un retrete individual, y acomodadas en un semicírculo alrededor de un centro de operaciones con paredes de vidrio.

Cuando visitamos en junio, las celdas estaban llenas más allá de su capacidad. Los oficiales habían agregado un muelle de carga y un almacén para aumentar el espacio para la detención. Clint tenía en detención a aproximadamente 700 niños entre abril y mayo del 2019, y alrededor de 350 niños cuando nosotros visitamos en junio. Algunos de ellos habían estado ahí por semanas.

Las celdas en Clint y en otras estaciones fronterizas están diseñadas para detener a adultos, no a niños, por tan solo unas horas, no días o semanas. Por lo tanto, no tienen regaderas ni lavanderías. No suministran cepillos de dientes, ni pasta dental o jabón. De hecho, una semana antes de nuestra visita, un abogado del gobierno argumentó en una corte federal que el requerimiento legal de proveer a niños inmigrantes con condiciones "higiénicas y seguras" no requería que las autoridades les ofrecieran estas cosas.

Los niños nunca esperaron ser tratados de esta manera al llegar a los Estados Unidos. Definitivamente no era el país del cual los americanos hablaban, el cual le extiende una "bienvenida para todo el mundo" a aquellos "rendidos", "pobres" y "a las masas anhelando respirar libertad"—las palabras escritas en la base de la Estatua de la Libertad.

Los niños con los que hablamos tal vez no habían leído u oído el poema de Emma Lazarus, pero los niños mayores sabían que las políticas del gobierno contra inmigrantes y solicitantes de asilo habían empeorado. Pero para muchos, los Estados Unidos es un país en donde tienen padres, tías y tíos, o hermanos mayores que los pueden cuidar. Es un lugar seguro.

A pesar de las condiciones traumatizantes a las que se enfrentaban, o quizás por ellas, muchos de los niños que mis colegas y yo vimos durante nuestra visita a Clint estaban ansiosos por hablar con nosotros. Algunos nos dijeron que éramos los primeros adultos que realmente los habían escuchado desde que llegaron a los Estados Unidos. Algunos tenían la esperanza de que si hablaban, otros niños no tendrían que sufrir como ellos sufrieron. Algunos de ellos querían que los niños que viven en Estados Unidos conocieran su historia.

Este libro, una historia de niños contada por niños, no fue fácil de contar o escuchar. Pero no es solo una historia sobre la crueldad y la negligencia de los adultos, sino que a fin de cuentas, es también la historia de la fuerza, valentía y esperanza de los niños.

Michael Garcia Bochenek, Human Rights Watch

Mi nombre es

Yo declaro bajo pena de perjurio que lo siguiente es verdadero y correcto según mi leal saber y recolección.

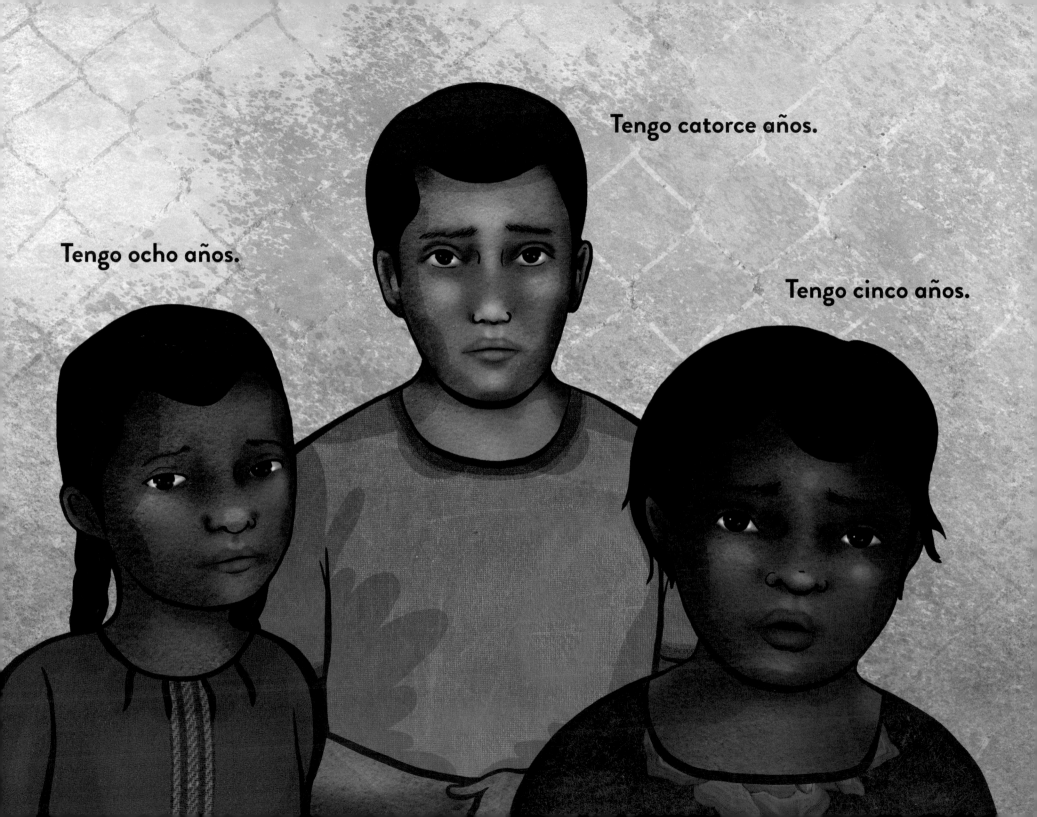

Tengo diecisiete años. Mi hijo
es un bebé de seis meses.

Tengo siete años.

Yo soy de Guatemala.

Somos una familia de Ecuador.

Me fui de Honduras con mi papá porque Honduras es un lugar muy peligroso para vivir.

Había gente que nos quería hacer daño. Había gente que me vigilaba cada vez que iba a la escuela.

Nuestro abuelo vio a una pandilla matar a nuestro vecino. Amenazaron con matarlo, y por eso todos nos tuvimos que ir.

Llegamos a los Estados Unidos cruzando el Río Grande en una balsa que se empezó a hundir. El agua me llegaba hasta la cintura.

Un día por la mañana pasamos una reja de alambre con un letrero grande que decía, "Bienvenidos a los Estados Unidos".

Nos pusieron en fila y revisaron nuestra piel y nuestro cabello. Luego revisaron nuestros certificados de nacimiento. Entonces fue cuando me quitaron a mi hermana.

Los agentes de inmigración me separaron de mi papá enseguida.

Nos separaron de nuestra abuela y ahora estamos solos.

Después de que nos separaron, me llevaron a un centro de detención.

Había muchos niños ahí, como 200 o 300 niños.

Nos custodian en una jaula llena de gente.
No hay espacio para moverte sin pisar a los demás.

Ni siquiera hay espacio para
que el bebé pueda gatear.

Cuando intentamos quejarnos de las condiciones,
nos gritan cosas como:

"USTEDES NO PERTENECEN AQUÍ"

Aquí todos los días son iguales.

Comemos tres veces al día. Pero la comida no te llena y yo tengo hambre.

No nos dan frutas ni verduras.

Tengo tanta hambre que me he despertado en medio de la noche con hambre.
A veces a las cuatro de la mañana.

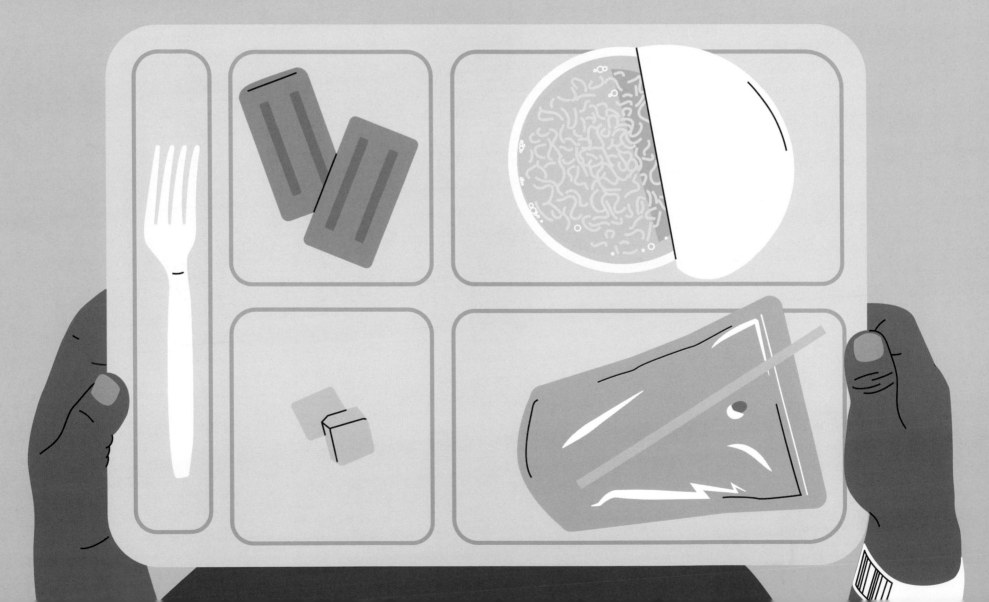

No sabemos qué pasaría si pedimos más comida. Nos da mucho miedo preguntar.

Todos me pueden ver cuando voy al baño. A veces me da mucha vergüenza porque hay niños viéndome.

Mi hermana y yo nos turnamos sujetando una cobija para que nadie nos vea cuando vamos al baño.

Dormimos literalmente amontonados, hombro con hombro.

Los niños grandes duermen en las colchonetas, así que
nosotros tenemos que dormir en las bancas de cemento.

Hace frío en las noches, hay ruido y nunca apagan las luces. Es muy difícil dormir.

Sólo tenemos una cobija de aluminio para calentarnos, pero no es suficiente.
Tengo que acurrucarme con mi sobrino para que su cuerpecito se mantenga caliente.

En la noche cuando estamos tratando de dormir
vienen a despertarnos, gritando y asustándonos.

A mis hermanas y a mi nos da mucho miedo.

Muchos están enfermos.

Me enfermé porque hacía mucho frío. Tenía fiebre, me dolía la cabeza, la garganta y tenía dolor en todo el cuerpo.

Mi bebé empezó a vomitar y a tener diarrea. Pedí ver a un doctor y no nos llevaron. Pregunté de nuevo el próximo día y el guardia me dijo,

"NO TIENE CARA DE BEBÉ ENFERMO"

Ninguno de los adultos nos cuida, por eso tratamos de cuidarnos entre nosotros.

Una niña de ocho años tratando de cuidar a otra niña de cuatro años. No sabía cómo cuidar a una niña chiquita y me preguntaba qué hacer. Yo la llevo al baño, le doy de mi comida si tiene hambre y le digo a la gente que la deje en paz si la están molestando.

Sostengo a dos niñas chiquitas en mis piernas para tratar de consolarlas.

Pero yo también necesito que alguien me consuele. Soy más grande que ellas, pero sigo siendo una niña.

Llevo unos tres días en la instalación.

Yo he estado aquí once días.

Yo he estado aquí trece días.

Hemos estado aquí dieciocho días.

Yo he estado aquí veintiún días.

Uno de los guardias vino ayer en la tarde y nos preguntó cuantas rayas hay en la bandera de los Estados Unidos. Intentamos adivinar, y cuando nos equivocamos, dio un portazo.

Quiero...

... que nuestra familia esté junta.

... seguir trabajando duro en la escuela.

... vivir con mi mamá en Nueva York.

Me gustaría...

... tener más oportunidades de llamar a mi familia.

... poder vivir con mi papá en Oklahoma.

Tengo la esperanza...

...de ir con mi hermana
que vive en Florida.
...de salir de aquí para
ver a mi papá.
...de que sea pronto.

UN AGRADECIMIENTO ESPECIAL A TODOS LOS ARTISTAS QUE CONTRIBUYERON:

 **CECILIA RUIZ** es una autora e ilustradora mexicana que vive en Brooklyn.

 YUYI MORALES nació en Xalapa, México, y emigró a los Estados Unidos en 1994. Es la autora e ilustradora de muchos libros premiados, entre ellos *Viva Frida*, que ganó los premios Caldecott Honor y Pura Belpré, y de *Dreamers/Soñadores*, que también ganó un premio Pura Belpré.

 **JUAN PALOMINO** es un ilustrador y autor de libros para niños.

 **PACO SANTOYO** es un ilustrador y artista de concepto mexicano.

 **ADRIANA CAMPOS** es una ilustradora y diseñadora gráfica que vive en la Ciudad de México.

 **SALOMÓN DUARTE GRANADOS** es de Hidalgo, México, y actualmente vive en San Francisco.

 **FLAVIA ZORRILLA DRAGO** vive en la Ciudad de México y le encanta crear libros para niños con muchos monstruos.

 BAYO FLORES es un artista visual autodidacta nacido y criado en la Ciudad de México, actualmente vive en Austin, Texas.

 **EDITH VALLE** es de Austin, Texas, con raíces que orgullosamente provienen de los valles de Michoacán, México.

 **GLORIA FÉLIX** es una ilustradora de Uruapan, Michoacán, trabajando en Los Ángeles.

 **MIRELLE ORTEGA** es una ilustradora mexicana que trabaja en el área de Los Ángeles.

 **MARÍA LUMBRERAS** es una animadora e ilustradora mexicana graduada de la Universidad Tecnológica de México.

 **ADDY RIVERA SONDA** ama aprender y explorar cómo podríamos vivir siendo más amables y llevando una vida más sostenible.

BEATRIZ GUTIERREZ HERNANDEZ es una ilustradora de Guadalajara, México, que trabaja en Brooklyn, New York.

 **DANIELA MARTÍN DEL CAMPO** es orgullosamente chilanga y amante de los gatos. Viajar y la cultura son su inspiración.

 **DOMINIQUE ARCE** es una ilustradora independiente viviendo la experiencia de la frontera en Juárez–El Paso.

 **RAÚL GONZALEZ III** es el ilustrador de ¡Vamos! Let's Go to the Market y ganador del Honor Pura Belpré. Creció en El Paso, Texas, y Ciudad Juárez, México, y ahora vive en Medford, Massachusetts.

AMPLIFICANDO LAS VOCES DE LOS NIÑOS

Como experto internacional en los derechos de los niños, he pasado la mayor parte de mi vida trabajando para proteger a los niños y a sus familias y a combatir la explotación infantil en todo el mundo. Pero no fue hasta el 2017 que me pidieron que concentrará mi experiencia en el maltrato sistemático de niños en mi propio país, los Estados Unidos.

Para entender lo que estaba sucediendo, hay que volver a 1985. Ese fue el año en que me gradué de la preparatoria en Los Ángeles, mientras que otra adolescente al otro lado de la ciudad estuvo detenida durante meses por el gobierno de los Estados Unidos en un motel abandonado rodeado con alambre de púas. Esa joven, Jenny Lisette Flores, encabezó un grupo de niños que demandaron al gobierno por haberlos encerrado bajo horribles condiciones.

Durante la siguiente década, la demanda, llamada *Flores* por el apellido de Jenny, logró llegar hasta la Corte Suprema de los Estados Unidos para después volverse a desvanecer. En ocasiones, los tribunales se ponían del lado de los niños y en otras ocasiones, del gobierno, hasta que finalmente en 1997, el gobierno de los Estados Unidos y los niños llegaron a un acuerdo sobre algunos principios básicos:

★ Los niños deben ser liberados lo antes posible de la detención gubernamental.

★ Cuando los niños son liberados, deben ser entregados a sus padres u otros familiares que vivan en los Estados Unidos.

★ Si el niño no tiene padres o familiares que vivan en los EE. UU., los padres del niño, no el gobierno, deben elegir a un adulto en los EE. UU. para que cuide del niño.

★ Solo si un niño no tiene padres, familiares u otros seres queridos (según lo determinado por los padres) en los EE. UU., es el gobierno responsable de colocar al niño, e incluso entonces, debe estar en el ambiente menos restrictivo posible.

★ En resumen, el acuerdo *Flores* dejó en claro que los niños pertenecen a la familia y que los padres son los responsables de elegir a los adultos que cuidarán a sus hijos.

★ Además, el acuerdo *Flores* disponía que si los niños eran detenidos por el gobierno de los Estados Unidos, serían cuidados adecuadamente en condiciones seguras y limpias, incluyendo el acceso a inodoros y lavabos, agua potable, alimentos, asistencia médica, control de temperatura, ventilación y supervisión adecuada.

Hasta el día de hoy, el gobierno de los Estados Unidos no ha logrado que estas protecciones básicas sean permanentes para los niños bajo el cuidado del gobierno.

Como resultado, se envían periódicamente pequeños grupos de abogados a las instalaciones donde los niños están detenidos. Ellos entrevistan a los niños y a sus familias en su propio idioma y se aseguran de que estén bien. *¿Te han dado de comer? ¿Dónde estás durmiendo? ¿Quién te cuida? ¿Tienes cobija? ¿Tienes acceso a un baño que funcione? ¿Tienes jabón y agua?*

Me pidieron por primera vez que sirviera para un equipo del acuerdo *Flores* en 2017 y las respuestas que escuché inquietaron mi conciencia. Volví a la frontera una y otra vez. Nos reunimos con niños que habían sido separados a la fuerza de sus padres y de sus familias, niños que se habían quedado en tiendas de campaña en el desierto, niños que obligaron a caminar en filas todo el día dentro de un supermercado abandonado.

Escuchamos las historias de valentía, abuso, resistencia, abandono y esperanza de los niños en español, mam, portugués, urdu, k'iche y más.

Cuando los niños y las familias denuncian los malos tratos, nosotros ofrecemos escribir su testimonio jurado que documenta la experiencia del niño para el juez de la corte federal que supervisa la ejecución del acuerdo *Flores*.

Pensé que no podía empeorar, pero después, en junio de 2019, entramos a la estación de la Patrulla Fronteriza de Clint en el suroeste de Texas como parte de otra visita "rutinaria" de *Flores* al sitio. Nos entregaron una lista con nombres con más de 350 niños encerrados en un almacén, un muelle de carga y celdas con barrotes.

Bebés, niños pequeños, niños de edad preescolar y escolar, preadolescentes y adolescentes. Todos se encontraban en ese lugar que no tenía ningún parecido al país que muchos de nosotros conocemos y amamos; ningún parecido a los Estados Unidos que los niños habían imaginado cuando viajaron al norte por primera vez para reunirse con sus madres, padres, hermanas, hermanos, abuelos, tías, tíos, primos.

Los niños estaban sucios, hambrientos y asustados. Algunos estaban tristes. Otros estaban enojados.

La mayoría quería compartir su historia. Nos contaron sobre sus familias y por qué dejaron sus países de origen. Nos contaron sobre sus viajes a los Estados Unidos; algunos a pie, otros en coches, trenes o taxis.

Más que nada, los niños querían contarnos lo que les había pasado desde que llegaron a los Estados Unidos. Sabían que lo que les estaba pasando estaba mal. Sabían que los niños pertenecen a quienes los aman.

En el año anterior a nuestra llegada a la instalación

de la Patrulla Fronteriza de Clint, siete niños habían muerto durante o después de haber sido liberados de la custodia del gobierno de los Estados Unidos (ningún niño había muerto en la década anterior). De repente, supimos por qué. Temiendo que murieran más niños si no hacíamos algo, llamamos a los abogados de los niños para pedir ayuda. En los veintidós años visitando las instalaciones, a ningún equipo se le había permitido hablar con los medios de comunicación. Después de todo, los testimonios de los niños eran para el tribunal, no para los medios de comunicación. Pero en esta ocasión fue diferente. Los niños se estaban muriendo.

La noche siguiente, Michael Garcia Bochenek de Human Rights Watch y yo nos sentamos en mi habitación de hotel durante tres horas con un reportero de Associated Press mientras compartíamos las historias de los niños con él. El reportero estaba sorprendido mientras furiosamente llenaba su cuaderno con los detalles que le dimos.

La historia se publicó la mañana siguiente. Durante las próximas semanas, aparecieron cientos de artículos y entrevistas en todo el mundo contando las historias que los niños nos habían confiado con la esperanza de que pudieran marcar la diferencia.

Los ciudadanos preocupados fueron hasta la instalación de la Patrulla Fronteriza de Clint para entregar alimentos, jabón, agua potable, pañales, cepillos y pasta de dientes y juguetes.

El presidente recurrió a Twitter para denunciar nuestros informes como "noticias falsas".

El vicepresidente organizó una sesión de fotos con niños limpios con ropa de colores brillantes en una instalación diferente, y les pidió que les dijeran a las cámaras el gran trabajo que estaba haciendo los Estados Unidos cuidándolos.

Presenciamos un intento coordinado para esconder las historias de estos niños. ¿Qué podíamos hacer para terminar con una falsa narrativa impulsada por los niveles más altos de poder?

Elegimos la verdad. Con las propias palabras de los niños.

Recurrimos a las redes sociales, artistas, reporteros, líderes religiosos y personas comunes para encontrar maneras de ayudar a los niños a contar sus historias para garantizar que lo que descubrimos en la instalación de la Patrulla Fronteriza de Clint en junio del 2019 nunca vuelva a suceder.

La respuesta fue abrumadora. Compositores escribieron docenas de canciones inspiradas en las historias de los niños y las publicaron en línea. La comunidad teatral de Chicago organizó un concierto a beneficio. Miembros de la comunidad teatral de Nueva York produjo una serie de lecturas en video de los relatos de los niños titulada "The Flores Exhibits". Ministros, monjas, pastores y rabinos ayudaron a compartir las historias de los niños en sus servicios religiosos. Un coro "flash-mob" en San Francisco cantó los relatos de los niños. En Filadelfia lo representaron con arte urbano. Se colocaron carteles en los suburbios. Algunas personas escribieron mensajes con tiza en las aceras. Se alquilaron paneles publicitarios. Los artistas conceptuales crearon más de 140 obras de arte para una exhibición a una milla de la Casa Blanca. Hubo publicidad aérea volando por los cielos. Un solo artista creó más de 300 acuarelas que incluían citas de los niños describiendo su sufrimiento.

Y ahora tenemos *Escucha mi voz*, un libro escrito en su totalidad por los testimonios jurados que dieron los niños mientras estaban detenidos en las instalaciones de la patrulla fronteriza u otros centros de detención cerca de la frontera sur de los Estados Unidos, a menudo en violación de sus derechos.

Diecisiete ilustradores crearon obras de arte poderosas para ayudar a dar vida a los relatos de los niños.

Lo describimos como "libro para niños" porque *Escucha mi voz* trata sobre las vidas y experiencias de los niños. Cada palabra proviene de un niño retenido en un centro de detención en los Estados Unidos. Cada pasaje fue seleccionado mientras visualizábamos la mirada y la mente de un niño leyendo y contemplando el contenido. Cada ilustración está destinada a ayudar a unir la humanidad entre los niños cuyas historias se cuentan y los niños tratando de comprender lo que le está sucediendo a los niños que se ven obligados a cruzar las fronteras nacionales.

Aunque este es un libro para niños, recomendamos que haya supervisión de un adulto para ayudar a los lectores jóvenes a procesar lo que están aprendiendo sobre los relatos de los niños. El libro debe verse como una oportunidad para comprender mejor a la migración humana y los derechos del niño.

PREGUNTAS PARA HACER / COSAS EN QUE PENSAR

1 Encuentra estos lugares en un mapa o globo terráqueo:

Guatemala	El Salvador
Honduras	Ecuador
México	El Río Grande
Estados Unidos	

Muchas de las historias de este libro son de niños que emigraron a los Estados Unidos desde estas áreas y países.

2 ¿Qué significa "hogar" para ti?

3 ¿Puedes pensar en razones por las cuales la gente podría llegar a dejar sus hogares?

4 ¿Qué cosas te hacen sentir seguro y amado?

5 Cuando te pasa algo malo, ¿qué te hace sentir mejor?

6 Cuando sucede algo malo, ¿te gusta hablar de ello o escondes tus sentimientos? ¿Por qué?

7 ¿Sabes qué son los derechos? ¿Qué derechos crees que deberían tener los niños?

ESTAS SON ALGUNAS MANERAS EN LAS QUE USTED Y SU FAMILIA PUEDEN AYUDAR

★ ¡Ya ha dado el primer paso al comprar y leer este libro! El cien por ciento de lo recaudado se donará a Project Amplify, una organización que busca establecer protecciones legales para los niños en migración detenidos por el gobierno de los Estados Unidos. En www.project-amplify.org/declarations, puede leer las declaraciones juradas de los niños detenidos.

★ Llame por teléfono y escriba a sus políticos locales y nacionales para insistir en que traten a todos los niños con respeto y humanidad.

★ Anime a sus padres a votar por líderes políticos que apoyen el trato humano de los niños en la frontera, en todo el país y en todo el mundo.

★ Exprese su opinión cuando vea que se lastima a un niño.

★ Considere apadrinar a una familia que se ha visto obligada a abandonar su país de origen.

★ Considere servir como familia de acogida para un niño que ha sido separado de su familia.

★ Recaudando fondos para quienes están en primera línea tratando de ayudar a estos niños y a sus familias, como Al Otro Lado, the Center for Human Rights and Constitutional Law (el Centro de Derechos Humanos y Derecho Constitucional), Human Rights Watch, KIND (Niños en Necesidad de Defensa), Las Americas Immigrant Advocacy Center (el Centro de Defensa Inmigrante Las Americas), the National Center for Youth Law (el Centro Nacional de Defensa Juvenil), RAICES y the Young Center for Immigrant Children's Rights (el Young Center para los Derechos de Inmigrantes Juveniles).

Gracias a todos los niños y las familias que han tenido el valor de confiar sus historias a desconocidos con la esperanza de que al hacerlo podrán ayudar a cambiar el mundo, y a todos los niños y las familias que han abierto sus corazones y mentes con estas historias.

Uno de los derechos más fundamentales que tienen los niños es el derecho a participar. Tienen derecho a hablar y a contar sus historias. Los niños también tienen derecho a escuchar, aprender y actuar. Nuestro papel como adultos es reconocer y defender estos derechos y ayudar a los niños a ejercerlos de manera responsable. Y que cuando lo hagan, encontremos maneras de amplificar sus voces.

Warren Binford, fundadora, Project Amplify

AGRADECIMIENTOS

Escucha mi voz fue concebido por Brandon Curl y Dale Austin, quienes querían crear conciencia y amplificar las voces de los niños detenidos en la frontera entre México y los Estados Unidos. A Brandon y Dale les gustaría agradecer a quienes les ayudaron en el camino:

Gracias a nuestros colaboradores que incansablemente trabajaron para darle vida a esta visión, incluyendo a Helena Abbing, Luis Aguiluz, Maria D'Amato, Jack Epsteen, Kim Faulkner, Christie Lyons, Jackie Purdy-Andrews, Tori Reneker, David Rockwood, Rafael Serrano, Anne Rix Sifuentez y Lindsay Wakabayashi.

Gracias a nuestros partidarios superestrellas, en particular a Jim Evans, Natalie Lum Freedman, Marianne Malina, Luis Orozco, Jay Russell y Roy Spence quienes creyeron en la idea y abogaron por este libro.

Gracias a nuestros traductores, una vez más Rafael Serrano, con Diana Farias y Marcela Masso, por trabajar para representar fielmente las palabras de los niños en su idioma natal.

Gracias a nuestro agente Geoffrey Jennings quien nos ayudó a poner al libro en las hábiles y comprensivas manos de nuestros socios en Workman Publishing, específicamente a nuestra editora Traci Todd y directora de arte, Sara Corbett.

Gracias a todos los ilustradores, quienes no sólo dieron de su tiempo y talento, sino también de su humanidad, contestando nuestro llamado con calidez y pasión. Sin sus impresionantes imágenes nada de esto sería posible.

Y el agradecimiento más importante es para los niños y sus familias que a través de sus valientes voces nos inspiran y nos recuerdan que todos somos uno.

ACKNOWLEDGMENTS

Hear My Voice was conceived by Brandon Curl and Dale Austin, who wanted to raise awareness and amplify the voices of children detained at the border between Mexico and the United States. Brandon and Dale would like to acknowledge those who helped them along the way:

Thanks to our early collaborators who worked tirelessly to bring that vision to life, including Helena Abbing, Luis Aguiluz, Maria D'Amato, Jack Epsteen, Kim Faulkner, Christie Lyons, Jackie Purdy-Andrews, Tori Reneker, David Rockwood, Rafael Serrano, Anne Rix Sifuentez, and Lindsay Wakabayashi.

Thanks to our superstar supporters, notably Jim Evans, Natalie Lum Freedman, Marianne Malina, Luis Orozco, Jay Russell, and Roy Spence, who believed in the idea and championed this book.

Thanks to our translators, once again Rafael Serrano, along with Diana Farias and Marcela Masso, who labored to faithfully represent the words of the children.

Thanks to our agent Geoffrey Jennings who helped to get the book in the skillful, compassionate hands of our partners at Workman Publishing, specifically our editor Traci Todd and art director Sara Corbett.

Thanks to the many illustrators who gave not only of their time and art but of their humanity, answering cold calls with warmth and passion. Without their stunning images, none of this would have been possible.

And most importantly, thank you to the children and their families whose brave voices inspire us all and remind us that we are all one people.

HERE ARE SOME WAYS YOU AND YOUR FAMILY CAN HELP

★ You've already taken a step by buying and reading this book! One hundred percent of the royalties will be donated to Project Amplify, an organization that seeks to establish legal protections for children in migration detained by the United States government. At www.project-amplify.org/declarations, you can read sworn statements from children who are being detained.

★ Telephone and write to your local and national politicians to insist that they treat all children with respect and humanity.

★ Encourage your parents to vote for political leaders who support the humane treatment of children at the border, across the country, and around the world.

★ Speak out when you see children being hurt.

★ Consider sponsoring a family that has been forced to leave their home country.

★ Consider serving as a foster family for a child who has been separated from their family.

★ Raise funds for those on the frontlines who are trying to help these children and their families, such as Al Otro Lado, the Center for Human Rights and Constitutional Law, Human Rights Watch, KIND (Kids in Need of Defense), Las Americas Immigrant Advocacy Center, the National Center for Youth Law, RAICES, and the Young Center for Immigrant Children's Rights.

Thank you to all the children and families who have had the courage to entrust their stories to strangers in the hope that doing so could help change the world, and to all the children and families who have opened up their hearts and minds to these stories.

One of the most fundamental rights that children have is the right to participate. They have the right to speak and tell their stories. Children also have the right to listen, to learn, and to act. Our role as adults is to recognize and defend these rights and to support children in exercising them responsibly. And when they do, may you find ways to amplify their voices.

Warren Binford, Co-founder, Project Amplify

chalk messages on sidewalks. Billboards were rented. Conceptual artists created more than 140 works of art for an exhibit one mile from the White House. Skywriters took to the skies. One artist alone created more than 300 watercolors that included quotes from the children describing their suffering.

And now we have *Hear My Voice*—a book written entirely from the sworn testimonies given by children while they were being held at Border Patrol facilities or other detention centers near the US border, often in violation of their rights.

Seventeen illustrators created powerful artwork to help bring the children's accounts to life.

We call it a "children's book" because *Hear My Voice* is about children's lives and experiences. Every word is from a child being held in a US detention facility. Every passage was selected while envisioning a child's eyes and mind reading and contemplating the content. Every illustration is intended to help bridge the humanity between the children whose collective stories are told and the child who is trying to understand what is happening to children forced to move across national borders.

Although this is a children's book, we recommend that thoughtful adults are on hand to help young readers process what they are learning from these children's accounts. The book should be viewed as an opportunity to better understand human migration and children's rights.

QUESTIONS TO ASK / THINGS TO THINK ABOUT

1 Find these places on a map or globe:

Guatemala	El Salvador
Honduras	Ecuador
Mexico	The Rio Grande
The United States	

Many of the stories in this book are from children who migrated to the United States from these countries and areas.

2 What does "home" mean to you?

3 Can you think of reasons people might leave their homes?

4 What things make you feel safe and loved?

5 When something bad happens to you, what makes you feel better?

6 When something bad happens, do you like to talk about it or hold your feelings inside? Why?

7 Do you know what rights are? What rights do you think children should have?

In the year prior to our arrival at the Clint Border Patrol facility, seven children had died in or after they were released from US government custody (no children had died in the previous decade). Suddenly, we knew why. Fearful that more children would die if we did not do something, we telephoned the children's attorneys, asking for help. In twenty-two years of site visits, no team had ever been allowed to speak to the media. But this was different. Children were dying.

The next night, Michael Garcia Bochenek of Human Rights Watch and I sat in my hotel room for three hours with a reporter from the Associated Press as we shared the children's stories with him. The reporter seemed shocked as he furiously filled his notebook with the details we'd learned.

The story ran the next morning. Over the next few weeks, hundreds of articles and interviews appeared all around the globe, telling the stories that the children had entrusted to us in the hope that they would make a difference.

Concerned citizens drove to the Clint Border Patrol facility to deliver food, soap, drinking water, diapers, toothbrushes, toothpaste, and toys.

The president took to Twitter to denounce our reports as "Fake News."

The vice president arranged a photo op with clean children in brightly colored clothes at a different facility, asking them to tell the rolling cameras what a great job America was doing taking care of them.

We were witnessing a coordinated attempt to erase these children's stories. How could we shut down a false counternarrative being pushed by the highest levels of power?

We chose truth. In the children's own words.

We went on mainstream and social media and called for artists, reporters, faith leaders, and ordinary people to find ways to help the children tell their stories, to ensure that what we discovered at the Clint Border Patrol facility in June 2019 never happens again.

The response was overwhelming. Songwriters wrote dozens of songs inspired by the children's stories and posted them online. A Chicago theater community organized a performance benefit concert. Members of the New York theater community produced a series of video readings of the children's accounts titled "The Flores Exhibits." Ministers, nuns, pastors, and rabbis helped share the children's stories in their religious services. A flash-mob choir in San Francisco sang the children's accounts. Street art was posted in Philadelphia. Lawn signs were erected in suburbs. Some people composed

To this day, the US government has not made these basic protections permanent for children in government care.

As a result, small groups of attorneys are periodically sent into facilities where children are detained. We interview the children and their families in their own languages and make sure they are okay. *Are you being fed? Where are you sleeping? Who is taking care of you? Do you have a blanket? Do you have access to a working toilet? What about soap and running water?*

I was first asked to serve on a *Flores* team in 2017 and the answers I heard shocked the conscience. I found myself going back to the border again and again and again. We met with children who had been forcibly separated from their parents and families, children kept in tents in the desert, children made to walk in single-file lines all day in an abandoned superstore.

We listened to the children's stories of courage, abuse, resilience, neglect, and hope in Spanish, Mam, Portuguese, Urdu, K'iche', and more.

If the children and families reported mistreatment, we would offer to write down their sworn testimony documenting the child's experience for the federal court judge overseeing the enforcement of the *Flores* settlement.

I thought it could not get any worse, but then in June 2019, we walked into the Clint Border Patrol Station in southwestern Texas as part of yet another "routine" *Flores* site visit. They handed us a roster listing more than 350 children locked up in a warehouse, a loading dock, and overcrowded cells.

Infants, toddlers, preschoolers, grade-school children, tweens, and teens. They were all here in this place that bore no resemblance to the country so many of us know and love—no resemblance to the United States the children had imagined when they first journeyed north to join mothers, fathers, sisters, brothers, grandparents, aunts, uncles, cousins.

The children were filthy, hungry, and scared. Some were sad. Others were angry.

Most wanted to share their stories. They told us about their families and why they left their home countries. They told us about their journeys to the United States; some on foot, others riding in cars and on trains and in taxis.

More than anything, the children wanted to tell us about what had happened to them since they arrived in the United States. They knew that what was happening to them was wrong. They knew that children belong with those who love them.

AMPLIFYING CHILDREN'S VOICES

As an international children's rights expert, I have spent most of my life working to protect children and families and to combat child exploitation around the world. But it was not until 2017 that I was asked to focus my expertise on the systematic mistreatment of children in my own country, the United States.

To understand what was happening, we have to go back to at least 1985. That was the year I graduated from high school in Los Angeles, while another teenage girl on the other side of the city was held for months by the US government in an abandoned motel surrounded by razor wire. That young girl, Jenny Lisette Flores, led a group of children who sued the government for locking them up under horrific conditions.

For the next decade, Jenny's lawsuit (called *Flores* after her family's name) eventually went all the way to the US Supreme Court and then back down again. Sometimes the courts sided with the children and sometimes with the government, until finally, in 1997, the US government and the children agreed on a few basic principles:

* Children should be released as quickly as possible from government detention.

* When children are released, they must be released to parents or other family living in the US.

* If the child has no parents or family living in the US, the child's parents—not the government—should choose an adult in the US to care for the child.

* Only if a child has no parents, family, or other loved ones (as determined by the parents) in the US, is the government responsible for placing the child, and even then, it must be in the least restrictive environment possible.

* In short, the *Flores* agreement made clear that children belong with family, and parents should be responsible for choosing the adults who care for their children.

* Additionally, the *Flores* agreement provided that if children were detained by the US government, they would be properly cared for in safe, clean conditions including access to toilets and sinks, drinking water, food, medical assistance, appropriate temperature control and ventilation, and with adequate supervision.

 **GLORIA FÉLIX** is a Los Angeles–based illustrator from Uruapan, Michoacán.

 **MIRELLE ORTEGA** is a Mexican illustrator based in the Los Angeles area.

 **MARÍA LUMBRERAS** is a Mexican animator and illustrator and graduate of the Technological University of Mexico.

 **ADDY RIVERA SONDA** loves learning and exploring how to live more kindly and sustainably.

 **BEATRIZ GUTIERREZ HERNANDEZ** is an illustrator from Guadalajara, Mexico, based in Brooklyn, New York.

 **DANIELA MARTÍN DEL CAMPO** is a proud chilanga and a cat lover. Travel and culture are her inspirations.

 **DOMINIQUE ARCE** is an independent illustrator living the Juárez–El Paso border experience.

 **RAÚL GONZALEZ III** is the Pura Belpré Honor–winning illustrator of *¡Vamos! Let's Go to the Market*. He grew up in El Paso, Texas, and Ciudad Juárez, México, and now lives in Medford, Massachusetts.

SPECIAL THANKS TO ALL THE ARTISTS WHO CONTRIBUTED:

 **CECILIA RUIZ** is a Mexican author and illustrator living in Brooklyn.

 **ADRIANA CAMPOS** is a Mexican illustrator and graphic designer living in Mexico City.

 YUYI MORALES was born in Xalapa, Mexico, and immigrated to the United States in 1994. She is the author and illustrator of many award-winning books, including *Viva Frida*, winner of a Caldecott Honor and a Pura Belpré Medal, and *Dreamers/Soñadores*, which also won a Pura Belpré Medal.

 **SALOMÓN DUARTE GRANADOS** is from Hidalgo, Mexico, and currently lives in San Francisco.

 **FLAVIA ZORRILLA DRAGO** lives in Mexico City and loves making books for children that feature lots of monsters.

 **JUAN PALOMINO** is a Mexican children's book illustrator and author.

 BAYO FLORES is a self-taught visual artist born and raised in Mexico City, living in Austin, Texas.

 **PACO SANTOYO** is a Mexican concept artist and illustrator.

 **EDITH VALLE** is from Austin, Texas, with roots that proudly hail from the valleys of Michoacán, Mexico.

I hope . . .

. . . to go with my sister,
who lives in Florida.

. . . to get out to see my father.

. . . that is soon.

I want...

. . . our family to be together.

. . . to continue working hard in school.

. . . to go live with my mother, who is in New York.

I wish...

. . . I had more opportunities to call my family.

. . . I could live with my father in Oklahoma.

One of the guards came in yesterday afternoon and asked us
how many stripes were on the flag of the United States. We tried
to guess, but when we were wrong, he slammed the door.

I have been at the facility for about three days.

I have been here for eleven days.

I've been here for thirteen days.

We have been here for eighteen days.

I have been here for twenty-one days.

I am holding both little girls in my lap to try to comfort them.
I need comfort, too. I am bigger than they are, but I am a child, too.

None of the adults take care of us so we try to take care of each other.

There was an eight-year-old trying to take care of a little four-year-old girl. She did not know how to take care of a little girl so she kept asking me what to do. I take her to the bathroom, give her my extra food if she is hungry, and tell people to leave her alone if they are bothering her.

So many are sick.

I got sick because it was cold.
I had a fever, a headache,
a sore throat, and aches all
around my body.

My baby began vomiting
and having diarrhea. I asked
to see a doctor and they did not
take us. I asked again the next
day and the guard said,

"SHE DOESN'T HAVE
THE FACE OF
A SICK BABY"

During the night when we're trying to sleep they come in and wake us up, yelling and scaring us.

My sisters and I are very scared.

We sleep stacked on top of each other, shoulder to shoulder.
The big kids sleep on the mats so we have to sleep on the cement bench.
It's cold at night, noisy, and the lights are on all the time.

We have only an aluminum blanket for warmth and this is not enough.
I have to take my nephew and cuddle with his little body to keep

Everyone can see me when I am using the toilets. At times
I feel so embarrassed because there are boys watching me.

My sister and I hold a blanket up for one another
so no one can see us when we go to the bathroom.

We do not know what would happen if we asked for more food. We are too scared to ask.

The days here are all the same.

We eat three times a day. But the food does not fill you up and I am hungry.

We get no fruits or vegetables.

I'm so hungry that I've woken up in the middle of the night with hunger. Sometimes at 4 a.m.

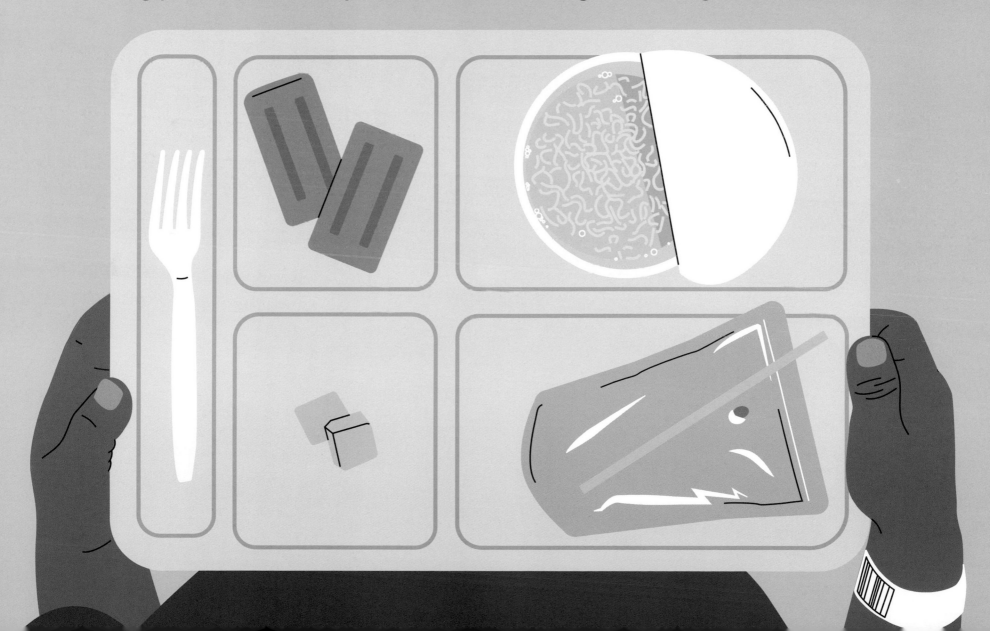

When we try to complain about the conditions, they start yelling at us, saying things like,

"You DON'T BELONG "HERE"

After they separated us I was taken to a detention center.

There were many children there, perhaps about 200 or 300 kids.

We are kept in a cage. It is very crowded. There is no room to move without stepping over others.

There's not even enough room for the baby to crawl.

The immigration agents separated me from my father right away.

They took us away from our grandmother and now we are all alone.

They lined us up and checked our skin and our hair. Then they checked our birth certificates. That is when they took my sister away from me.

One day in the morning we passed a wire fence with
a big sign that said, "Welcome to the United States."

We entered the United States by crossing the Rio Grande
on a raft that started to sink. I got wet up to my waist.

I left Honduras with my father because Honduras is a dangerous place to live.

There were people who wanted to hurt us. There were people who had eyes on me whenever I went to school.

Our grandfather saw the gang kill our neighbor. They threatened to kill him and so we all had to leave.

I am from El Salvador.

My little sister and I came from Honduras.

I came from Mexico.

I am seventeen. My son is six months old.

I am seven years old.

I declare under penalty of perjury that the following is
true and correct to the best of my knowledge and recollection.

My name is

The cells in Clint and most other border stations were meant to hold people—adults, not children—for just a few hours, not days or weeks, so they don't have showers or laundry facilities. They don't supply children or adults who are detained with toothbrushes, toothpaste, or soap. In fact, the week before our visit, a government lawyer told a federal court that the legal requirement to provide detained migrant children with "safe and sanitary" conditions didn't require authorities to offer these things.

This kind of treatment is almost certainly not what children expected to find on their arrival in the United States. It's definitely not how many Americans describe their country, the one that extends "worldwide welcome" to the "tired," the "poor," the "huddled masses yearning to breathe free," in the words inscribed at the base of the Statue of Liberty.

The children we spoke with may not have read or heard Emma Lazarus's poem, and the older children knew that the government's policies toward migrants and asylum seekers had only gotten worse. But for many, the United States is a place where they have parents, aunts and uncles, or older siblings ready and able to care for them. It's a place of safety.

Despite the traumatizing conditions they faced, or maybe because of them, most of the children my colleagues and I saw during our time in Clint were eager to talk to us. Some said we were the first adults who actually seemed to listen to them since they'd arrived in the United States. Some hoped if they spoke out, other children wouldn't have to suffer what they did. Some wanted children living in the United States to know their story.

This book, a story for children by children, wasn't easy to tell and isn't easy to hear. But it's not only a story of adults' cruelty and neglect; at the end of the day, it's also a story of children's strength, courage, and hope.

Michael Garcia Bochenek, Human Rights Watch

FOREWORD

A sobbing girl huddled in a chair at the other end of the conference room, where one of my colleagues, an emergency room pediatrician, spoke to her gently. At the end of the long day, I asked my colleague what she had heard from the girl. "Nothing," she replied. "She didn't speak."

We were in the Border Patrol station in Clint, Texas, about thirty minutes southeast of El Paso. Border Patrol stations are closed to the public, but the government is required to allow regular inspections by a team of lawyers and health professionals because of an agreement it reached in 1997 to settle a legal challenge about the way children were treated in immigration detention. I'd taken part in several of these court-ordered inspections before, but it was my first time in Clint.

When we returned the next day and the day after that, my colleague asked to see the girl again. Each time, the girl nodded or shook her head in response to questions, but that was all.

I've seen this kind of reaction before from children held in immigration detention. In fact, research has found mutism and selective mutism among symptoms associated with the immigration detention of children. Children in Clint and in other immigration detention centers in the United States and elsewhere have also told me they experienced nightmares, loss of appetite, or feelings of hopelessness or despair after they were locked up.

By April 2019, Border Patrol agents were using Clint as the primary detention facility for children apprehended at or near the border in New Mexico and western Texas. Like many border posts with immigration holding cells, the Clint station was built with half a dozen or so cinder-block cells, each with a single toilet, arranged in a semicircle around a glass-walled operations center.

These cells were filled well beyond their capacity when we visited in June, so officials had repurposed a loading dock and a warehouse to add detention space. Clint held an estimated 700 children in April and May 2019 and had about 350 children the first day we visited, in June. Some had been there for weeks.

The Testimonies of Children Detained
at the Southern Border of the United States

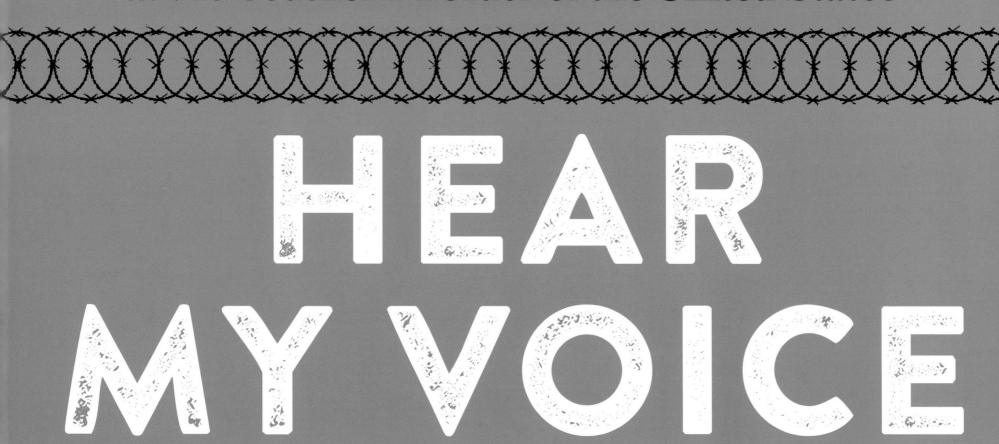

HEAR MY VOICE

COMPILED BY **Warren Binford** FOR **Project Amplify**

FOREWORD BY **Michael Garcia Bochenek**
OF **Human Rights Watch**

WORKMAN PUBLISHING ★ NEW YORK

Library of Congress Cataloging-in-Publication Data is available.

ISBN 978-1-5235-1348-2

Design by Dale Austin and Sara Corbett
Cover art by Cecilia Ruiz

Workman books are available at special discounts when purchased in bulk for premiums and sales promotions as well as for fundraising or educational use. Special editions or book excerpts can also be created to specification. For details, contact the Special Sales Director at specialmarkets@workman.com.

Workman Publishing Co., Inc.
225 Varick Street
New York, NY 10014-4381

workman.com

WORKMAN is a registered trademark of Workman Publishing Co., Inc.

Printed in China on paper from responsible sources

First printing March 2021

10 9 8 7 6 5 4 3